時間はくすり

やさしくなれる処方箋

比留間榮子

サンマーク出版

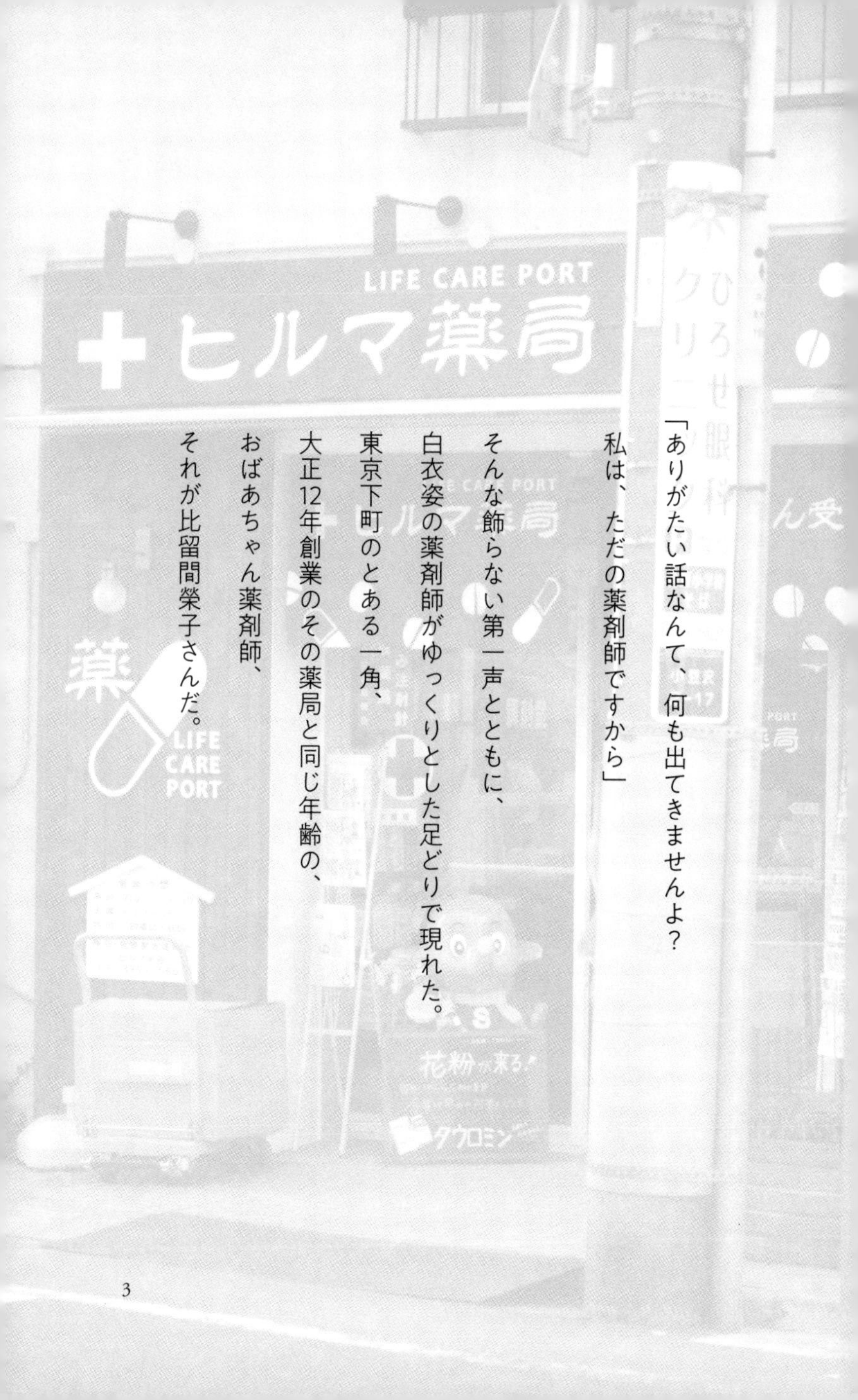

「ありがたい話なんて、何も出てきませんよ？
私は、ただの薬剤師ですから」

そんな飾らない第一声とともに、
白衣姿の薬剤師がゆっくりとした足どりで現れた。

東京下町のとある一角、
大正12年創業のその薬局と同じ年齢の、
おばあちゃん薬剤師、
それが比留間榮子さんだ。

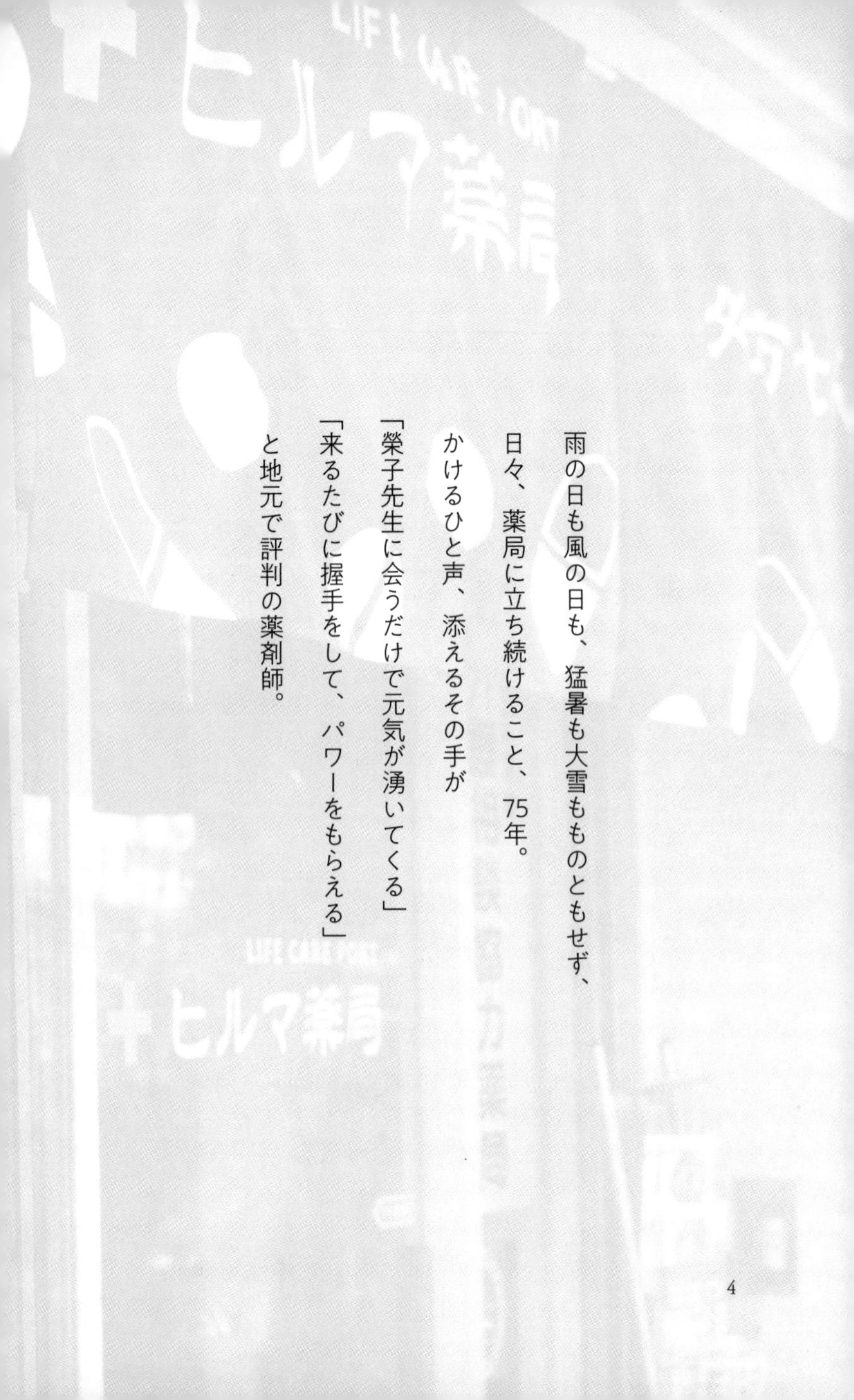

雨の日も風の日も、猛暑も大雪もものともせず、
日々、薬局に立ち続けること、75年。
かけるひと声、添えるその手が
「榮子先生に会うだけで元気が湧いてくる」
「来るたびに握手をして、パワーをもらえる」
と地元で評判の薬剤師。

そんな彼女が、
薬とともにそっと手渡してきた「言葉のくすり」。
権威ある称号も名誉な勲章もないけれど、
ただひたむきに、
目の前のひとりに心を重ねる長い年月が調合した、
自分にも誰かにも、少しやさしくなれる処方箋。

時間はくすり　もくじ

第2章 継続はくすり

第3章

ぬくもりはくすり

第4章

時間はくすり

デザイン　萩原弦一郎（256）
構成　ＭＡＲＵ
ＤＴＰ　天龍社
写真　清水貴子
編集協力　乙部美帆
編集　橋口英恵（サンマーク出版）

第1章
好奇心はくすり

薬局という「峠の茶屋」へようこそ

東京都板橋区、志村坂上《しむらさかうえ》の駅を出てすぐの通りの一角。ここ、ヒルマ薬局の軒先には暖簾《のれん》がかかっています。

薬局に暖簾？　と思う方もいるかもしれませんね。

でも、薬局は、薬をお出しするだけの場所ではないと、長くお店に立ってきた私はいつしか思うようになりました。

今までも、そしてこれからも、薬局がこうであったら素敵だな、という「薬局としての理想の姿」を目指しています。

薬局としての理想の姿——それは、処方箋を持参される方はもちろん、道行くどなたでも、ちょっとお立ち寄りいただいて、休んでいただける場所。いってみれば山の中にあらわれる、「峠の茶屋」のような場所になれたら、と思っています。

人生は、一歩ずつ歩く、長い旅路です。

その道中、心の疲れを癒したり、元気を取り戻すものがあったり、ちょっと話を聞いてもらえる場所があったりするだけで、安心して旅を続けられるのではないかと思うのです。

薬局には、からだの不調を取り除くお薬も、それをお渡しする際の気軽なやりとりも、お座りいただいて、ちょっとからだを休める場所もあります。薬局が、街角の茶屋のように、存在できたら幸せです。

最近は、私と同じ年代で、ひとり住まいという方もとても多くなっています。

昔は、ご近所さんが気にかけてくれていたかもしれませんが、今は、マンションでのひとり住まいの方も多くなりました。

そうすると、話す相手もいない、1日誰とも会わない日がある——そんな方もたくさんいらっしゃいます。

特に都会では、ご近所にお茶をする友人もいないという方も少なくありません。

ヒルマ薬局に来られたおひとり暮らしのとある高齢の女性が、

「家で、誰とも話さないから、もう言葉も忘れてしまいそう」

とおっしゃるから、私はこうお伝えしたのです。

「おうちへ帰ったら、ご仏壇の夫に話しかけてみればいいじゃない。『ただいま。お父さん、おいしいおせんべい買ってきたから、お茶を淹《い》れて食べましょうね』って」

夫や父、母、そこにいなくても、あなたが話しかければ、聞いてくれている気がしてくる。そして、そうすることによって心が落ち着きます。自分が大切にしてきた人たちはあなたの心にいつも生きているからです。

私も、日々のことを亡くなった夫に伝えることがあります。

「今日はね、こんなことがあったのよ」

「なつかしいあの人がいらしてね」

夫は24年前に他界しましたが、言葉少ないながらも温厚でやさしい性格でした。

「そうか、よかったね」と、夫の声が返ってくるような気がしてきます。

家族は、自分の居場所そのものです。

先立たれて、今はそこにいなくても、存在していた事実は変わりませんし、心の中にいつもある大切な自分の居場所です。夫や妻が元気でいたとしても、会話のないご家庭もありますから、「話しかけたい」と思えることは幸せなことだと思います。

家にひとりでいるとき、心寂しくなったら、自分から、そうやって大切な人たちに話しかけてみてほしいのです。

「それでも寂しいときには、ちょっと散歩がてら、ここにおいでなさい。元気になるドリンクを用意して待っているから。気が済むまでお話ししていきなさい」

先の女性に、加えてそうお伝えすると、少し顔が明るくなりました。

病気と向き合う道のり、問題を乗り越えようとする道のり、夢に向かって突き進む道のり、誰かの人生を見守る道のり。

山を登ったかと思えば谷を下ることもある人生です。疲れたらちょっと止まることも大切なことです。

上り坂と下り坂の境目。そんなときに、ふらりと立ち寄る、つかの間の休息の場所。腰をかけてひと休みして、ちょっと声をかけ合う場所。

薬局がそんな「峠の茶屋」のように存在していたらいいなぁと思います。それもまた、その人にとっての、人生の居場所のひとつになれるかもしれないと思うからです。

だから今日も、ヒルマ薬局の店先では、風に揺れる暖簾がお客様を待っているのです。

人生は、山や谷のある道をゆく旅。
上りきったらちょっとひと休み。
下りきったらお茶をどうぞ。
決して全力疾走ではない
そんな旅路はいいものです。

学びへの探究心が心を若返らせる

知らないことを、知りたい。

わからないことを、わかるようになりたい。

そんな気持ちは、いつも持っています。一度言ったことは、必ずやり遂げたいという思いもあります。だから、負けず嫌いか、と聞かれれば「きっとそうなんでしょうね」と答えてしまうと思います。

薬は、今のインターネットの世界と同じように日進月歩ですから、少しでもぼんやりしていたらついていけません。

仕事というのはどんなものでも、日々学びだと思います。

私は、接客の合間にパソコンを開いて、新しい医薬品の名前を調べることがよくあります。

薬剤師である以上、薬の知識はいつも最先端でなくてはなりませんから、一生勉強という思いがいつも私を突き動かしています。


以前、子育て中に仕事をお休みされていたスタッフが、年齢を重ねて50代になって調剤に復帰したことがありました。

「薬の名前がわからなくなっていて、どうしたものか。これから学び直してついていけるのか不安になりました」と言うから、「私も毎日勉強よ。知らないことは、知ればいいだけ。何より、あなたはまだ私よりも30歳も若いじゃない」とお話ししました。

このスタッフのような状況の方もたくさんいらっしゃることでしょう。仕事をしていたが、いったん家庭に入って育児や介護の期間を過ごし、また何か仕事を始めたり、パートを始めたりする人。まったく新しい仕事にチャレンジする人もいるでしょう。

または、「私の人生、このままでいいのかな」と人生を見つめる時期にいる方もいることでしょう。

そんなとき、未経験なことへの一歩や、再度社会に出て働くときの「ブランク」に、不安を抱くことがあるかもしれません。私はたまたま、同じ仕事を長く続けてきましたが、環境の変化に飛び込むときに、不安はつきものです。

薬局もどんどん状況が変わってきています。

パソコンが登場して、インターネット、スマートフォンと、昔では考えられなかったＩＴの進歩に「これは私も、とうとう引退かしら」と思ったのが数十年前。

それでも、今では若い人に手伝ってもらいながら、Ｚｏｏｍでの会議に参加することもあるくらいなのですから、やってみるものですね。

年を重ねるにつれ、こうした変化への不安はつきものですが、それでもできることはきっとあるということでしょう。

それに、誰にとっても、そもそも人生に昨日とまったく変わらない今日、というものはありえません。

薬局でいえば、毎日新しい出会いと会話が生まれます。昨日とは違うお客様がいらして、また違うお客様との会話があり、新しい出会いがある。

毎日が同じように見えたとしても、実際に同じ日ということはないのです。

たとえ、同じお客様がいらしたとしても、同じ状況とは限りません。「同じお客様だから、今日も同じね」と思ってしまったら、薬剤師は失格。ほんの少しの変化を見つけることが、病気を防ぐことにつながることもあります。

今日のお客様の今日の状態に、きちんと意識を向けることが大切だと、年月を重ねる中で強く思うようになりました。これはきっと、誰にとっても同じようにいえることでしょう。

「今日に関心を持ち、今日と真剣に関わる」

そんな気持ちで、自分が毎日携わっている仕事や日々やるべきことに真摯に向き合うこと。変化への不安は、よそ見することなく目の前の物事を正面に見据えることから解消していくような気がします。

もし仕事の場面でブランクが心配だとしても、そのぶん、かつては気づかなかった新しいことを発見できるかもしれません。日々、「今日はここでどんな発見をしようか」という気持ちで仕事に臨めば、その仕事の歴史や変遷、未来、それぞれに関心が湧いてくるものです。

探究心というと、難しいもののように思えますが、それは難しいものでも、誰かだけが特別に持っているものでもありません。1日を昨日とは違う特別なものだと思って過ごせば、いつでも、誰でも、湧いてくるものだと思います。

50代で職場に戻ってきたそのスタッフは、自分のブランクと向き合い、時間をかけて成長してくれました。

不安を抱えていたころが嘘《うそ》のように、たくさんのお客様から慕われる薬剤師として、長らく重要な戦力としてお店を支えてくれました。

人は何歳からでも新しい経験ができる。何歳からでも成長発展できる――それを教えてくれた、私にとってとても貴重な経験でした。

昨日とまったく同じ今日はありません。
今日は昨日と違うことが
たくさん起きている。
それを見つけられるかどうかです。

「今を生きている」人でいる

新しいことを知るのは楽しいものです。

新しいお薬を知るのも、周囲に手伝ってもらいながらパソコンの新しい機能を覚えるのも、スマホのＬＩＮＥで家族とやりとりするのも、私にとって心が沸き立つ、若返りのくすりのようなものです。

ＬＩＮＥも、メールも、使えるようになってとてもよかったと思っています。だって、メッセージが来たらうれしいでしょう？　一瞬で手元に届く、現代版の手紙のやりとりだと思っています。

新しいことを知る。それは、物事の「考え方」もそうです。私が育った時代とは違った新しい家族のあり方は、お客様から日々教わる新しい学びのひとつです。

戦前、戦中、戦後と、仕事をし、家族を持ち、どんなときも懸命に生きていくことは、昔も今も変わりませんが、歴史と共に家庭のあり方や仕事の環境は様変わりしました。

人も世の中も変化し続けるものだから、「昔はよかった」という言葉を使わない人でいたいといつも思っています。昔には昔の、今には今の、よさがあるからです。

たとえば、家族のあり方は時代によってずいぶん違います。

昔の家族には、昔の家族のよさがあります。3世代、4世代がひとつ屋根の下で暮らし、祖父母が子育てを手伝うのがあたりまえの時代がありました。

もちろん地域全体で子育てをしていましたから、子どもが孤立することも少なかった。その代わり、プライバシーの侵害や、家に入ったお嫁さんは息苦しい思いをすることもあったかもしれませんね。

今の時代の子育ては、母親も勤めに出ることがあたりまえになりました。女性がいきいきと働く姿があたりまえになっていくのは素晴らしいことです。

その一方で、核家族化が進み、昔なら自然とあった教え教えられる場や、助けを求められる場が減って、子育てに孤独を感じるのも容易に想像できます。ひとり親家庭もめずらしくありません。


そんな中で、変わらない母親のあり方もあります。

普段、お店にいらっしゃるお子さん連れのお母さんを見かけると、つい話しかけてしまうのは、子育て中の今のお母さんたちをもっと知りたい、という気持ちのあらわれかもしれません。知ったうえでなら、育児中のお母さんたちに、伝えられる何かがあるかもしれないからです。

普遍的なことは、私に伝えられることがあるかもしれない。そして、新しいことは学んでいきたいと思うのです。

思うに、誰かに「伝える」には、相手と同じく、今の時代を生きているかどうか、がとても大切な気がします。今を見ていないのに「昔はこうだったのよ」と、自分の時代を押しつける「昔の人」にはなりたくないなぁと思うのです。


知らないことを、知りたい。

自分の今を、少しでもよりよくしたい。

学んだことを、使ってみたい。

今を生きている人間として、今をいつも知りたい。

そんな気持ちがある限り、人はいつだって、好奇心の羽を広げることができる気がしますし、何より、そんなふうに今日という1日を生きることはとても楽しいことです。

とはいえ私が「今を生きていたい」と切に思う一番の理由は、「ほかの人が知っていて自分だけが知らないなんてつまらない」……ってことかもしれません。自分だけが知らない話題でみんなが楽しく盛り上がっているなんて、なんだかつまらないでしょう?

誰かに勝ちたいわけではない。

でも、いつも、今を生きていたい。

やっぱり私は筋金入りの負けず嫌いなのかもしれませんね。

「昔はよかった」と
言わない人でいたいものです。
生きているのは、
今この瞬間だから。

「疲れた」という言葉は使わない

私は、「疲れた」という言葉を使わないようにしています。理由は簡単です。その言葉を使っていると本当に疲れてしまうから。

こういう言葉が口ぐせになってしまったら大変。「疲れた」という言葉にからだが反応して、本当は疲れてもいないのに、からだはそれに応えるように、実際疲れてしまうように思います。

もちろん、スタッフたちに強要するわけではありませんが、私が「疲れた」と言わないことは知れわたっているようで、若いスタッフも「疲れた」と言っていられなくなるとのこと。私が元気でいることが、周囲の元気のもとになっているのだとしたら、うれしいことです。

特に最近は、年齢を重ねた人よりも若い人のほうが「疲れた」という言葉を使う傾向があるように感じます。口を開けば、疲れた、だるい、と。もしかしたら、インターネットやスマホの見すぎは、目の疲れや姿勢の悪さ、筋力不足を招いていて、実際に疲れているのかもしれませんね。

本来、「疲れた」という言葉は1日の「終わり」に出る言葉だと思うのです。

そして、1日の終わりに本当に、起きられないほど「疲れた」ときには、「疲れた」なんて言葉が出る前に、ベッドに倒れ込んで次の瞬間には眠っています。

もしかしたら、「疲れた」が口ぐせになっているというときは、思考ばかりが先走っていたり、からだを動かせていなかったり、悩みがあったりするのかもしれません。

日常生活のなかで、心が疲れたり、からだが疲れたり、頭が疲れたりしますが、人は本来、頭や心やからだを、バランスよく使って、その日1日の疲れを睡眠で癒し、また翌日元気に活動する、というのが楽なようにできています。

今自分が何に疲れているのか、それは、心なのか、頭なのか、からだなのか。少し気を配ってあげてみてはどうでしょう。

それは、自分から自分への問診みたいなものです。そうすれば必要な「くすり」は、見えてくることもあります。

ここでいう「くすり」というのは、きちんと休んで、活動と休息のバランスをとることかもしれませんし、悩みを誰かに相談することかもしれません。からだの不調を取り除く、医療での「薬」のこともあるでしょう。

「疲れた」をはじめ、気づかずにふと口から出る言葉は、自分の心の奥からのメッセージです。「疲れた」「面倒だ」「いやだな」「つらいな」というような言葉が出てくるときは、からだに置き換えれば未病の状態なのかもしれません。このままでは病気になりますよ、というサインです。
からだは、ちゃんと自分からの声を聴いています。自分も、からだの声、心の声を聴いてあげることが必要だと思います。

耳は素直です。
「すべて自分のこと」と
言葉をまるごと受け取ります。
自分の毒になる言葉を
使ってはいけません。

どこかに残った光を見つける

長い人生のうちには、自分の力ではどうしようもないことに直面して、絶望を味わうこともあります。思いがけない不幸や、大変な事件に巻き込まれたり、病気を経験したりすることもあるでしょう。

私が人生の中で直面した絶望的な体験といえば、戦争体験です。

私たち家族が、列車に必死につかまりながら長野まで疎開したのは、東京空襲のわずか2日前のことでした。東京空襲のあの日、長野から見た東京方面の空が赤く染まっていたのを、昨日のことのように思い出します。

空襲後、東京に戻ってきたとき、住んでいた街はすべて焼き払われ、池袋の高台から向こうの海が見えたことの衝撃は忘れられません。

一本の地平線と、焼けずに残った、おそらく皇居あたりの緑の森。すべては焼き払われ、がれきすらありませんでした。友人は特攻に志願して帰ってこず、親戚も知り合いもたくさん亡くなりました。

戦争は多くのものを奪いました。終戦のときは、すべての人が絶望し、落胆し、そこから立ち上がるのは無理なのではないかと思うほどに国は暗闇の中にいました。

それでも、人々は絶望し続けてはいませんでした。

私たち家族も、終戦後、長野から東京へ戻り、改めて父が焼け野原にゼロから開いたのが、ヒルマ薬局でした。

朝から晩まで、年中無休で、生きるために踏ん張り続けた日々でしたが、当時は、お金があっても買うものがない時代。戦時中、砂糖の代用品だった薬品のサッカリンなどを闇市で物々交換して、その日の食糧を得る毎日でした。

そんな経験からでしょうか。もうダメだ、にっちもさっちもいかない、というときであっても、必ずどこかに光が残っているはずだ、と思える自分がいます。生き残ったということは、生かされたのだということ。そして、生かされている人間には、お役目があるのだと思うのです。

戦争も、大きな災害や事件も、痛ましいものですが、起きてしまったことが変えられない以上、私たちは、そこから立ち上がって前を向き、一歩踏み出して歩いていくしかありません。

絶望をほんの少し、別の方向から見ることができたなら、もうその一歩を踏み出したといえるでしょう。

焼き払われ、灰となった東京にも、焼けずに残った建物が今もその場所にあるように、「戦争があったけれど私は生かされた」という思いは、私のその後の人生で自分なりの役割をまっとうしたいという思いにつながっていきました。

薬剤師としての使命と情熱となって、私を支えてくれているのは間違いありません。


今の人たちは戦争を知らない世代ですが、それでも、日々の中でつらい出来事や、思わぬ不幸に見舞われることがあるでしょう。人のご苦労は、外からは見えにくいものです。

それぞれに状況が違うわけですが、ひとついえることがあるとしたら、失ったものや絶望に向けていた目を、残った光に向けること。

「絶望しているときに光など見えない」と思われるかもしれませんが、命があるなら、あなたにはやるべきことがあって生かされているということだと思うのです。

命があれば、動き出すこともできますし、落ち着きを取り戻せば、手を差し伸べてくれる周囲の存在に気づくかもしれません。

私は95歳で人工関節の手術をして、ひとりで歩くこともままならなくなりました。それでも、杖《つえ》をついて歩くという希望を持ち、毎日リハビリをしています。けがをしたときに絶望しなかったのは、私が残った光に目を向ける生き方をしたいと、常々思ってきたから。すべてを失ったとしても、命があれば必ず残った光を見つけられるでしょう?

私はお客様と一緒に、その「光のくすり」を探し続けたいと思っています。

どんなつらいことがあっても、
今を生きているということは
生かされているということ。
生きている限り、
そこには光がある気がします。

選んだ道を悔やまない

起きたことを変えようとせず、人を変えようとしないこと。

普段からそれを心がけてお店に立っています。

ご高齢のお客様のお話を聞いていると、長い人生の中での思い出話に花が咲くこともあれば、若かりしころや子育ての後悔を口にされることもあります。

「もっとやりたいことがあったのに」

「共働きで子どもに目をかけてあげられなかった」

「夫との時間を大事にすればよかった」

そういうさまざまな後悔は、思い出せば思い出すほど、その気持ちを何度も体験することになってしまうような気がします。それよりも、これまで自分が選んできた道に咲いていた花を思い出すこと。いいこと探しに時間を使うことです。その場で足踏みをするのではなく、先の一歩を踏み出す日——今日という日はそういう日であってほしいと願っています。

たとえば、小さな行き違いがあったとして、そのきっかけをつくってしまったのが自分だったとしても、いつまでもそれを悔やみ続けるのではなく、今からできることだけに目を向けたいと思うのです。そして、そのきっかけが自分以外にあったとしても、責め続けたり、恨み続けたりするよりも、対話をしたいと思います。

そんな私のことを、家族は「前しか見ていない」と冗談交じりに言いますが、どんなことでも、何かもし、今日できる一手があるなら打ってみるというのが、私のポリシーです。

過去を悔やむことは百害あって一利なし。後悔は毒であり、今日の一歩は、過去や誰かを変えようとするものではなく、あくまでも自分が変えていく一歩。そんなふうに考えてみるのです。

実は私、孫の康二郎とはよく「けんか」をします。

私の知らないところで、あれやこれやと頑張ってくれているのをよく知っているのですが、私はなんせ負けず嫌い。なんでも把握しておきたい性分です。それなのに、康二郎はあまり話してくれず、私が根掘り葉掘り聞こうとすると煙たがります。

だからときおり、「私にきちんと教えてちょうだい」なんて、帰りのタクシーの中で言い合ってしまいます。

康二郎は、近所でひとり暮らしをしていて、私が先に降りるのですが、家に着いてから「ああ、言いすぎたかしら」と思うこともあります。

そんなときは、ひと晩中後悔なんかしていません。すぐにスマホを取り出し、電話をかけます。「さっきはごめんなさいね」と伝えて、すぐに仲直りするのです。

家族だからといって「わかってくれるはず」ではいけないと思っています。一緒に仕事をしているから、翌朝にはすっきりしていたいですしね。

昔はもっと頑固でしたから、なかなか謝れなかったのですが、年を重ねるにつれ、素直になれるようになったということでしょうか。

不思議なことに、わだかまりの裾を、握りしめれば握りしめるほど、解決から遠ざかる気がします。握りしめた手をふっと手放すと、自然と物事がほどけていく。最近はそんなふうに思うようになりました。

何にもまして、「ごめんなさい」は、早く言うに限ります。時間がたつと言いづらくなりますから。

そして、相手からの「ごめんなさい」も、早く素直に受け取ること。受け取りそこねて何十年もわだかまるのは、もったいないと思いませんか?

年齢を重ねれば重ねるほど、軽やかに生きていきたいと思うのです。

いつだって変えられるのは
自分のことだけです。
自分が変われば、
後悔した過去も、執着した相手も
手放すことができます。

第2章

継続はくすり

朝一番の行動が1日をつくる

あいさつはその日の心のあらわれだと思っています。

特に、朝、最初に交わすあいさつは、1日を司る大切な行いです。

朝起きて、家族がいるのなら家族にまずは「おはようございます」とあいさつをすること。そして、仏壇の写真にもきちんと「おはようございます。今日も見守っていてください。よろしくお願いいたします」とあいさつをする。

心をこめて、相手の目を見て、朝一番のあいさつをすることで、その日は必ずよい日になる。これは長い年月で自然に私に身についた、毎朝のおまじないのようなものです。

私の大切な日課は、もうひとつ。

毎朝、私は薬局に着くとすぐに、まだ誰もいない調剤室に向かって、深く一礼をして、朝のあいさつをします。

「今日もお客様のために必要な薬をお届けさせてください」

「今日もどうぞよろしくお願いします」

そう心で唱えながら、深いお辞儀をします。これは75年間、毎日ずっと続けている習慣です。

お客様との関わりもお辞儀からすべてが始まります。私たちの薬局では、かならずお辞儀と自己紹介をしてからお薬の説明をします。

数ある薬局の中からうちを選んでくださったことへの感謝はもちろんですが、お客様からすれば、服薬という、非常にプライベートなことを橋渡しするのが私たち。お客様のことを知る以上、薬剤師自身もきちんと名を名乗り、敬意を持ってお客様の人生に寄り添いたいという思いがそこにはあります。

お辞儀は、飛鳥時代や奈良時代から日本に根づく文化だそうです。

お辞儀は漢字のとおり、儀式。日本人にとっては、長い歴史を経て続く、敬いの儀式です。

礼の心を伴ってこそ相手の心に響くものであり、敬意を持ってこそ意味のある行為。誰かに謙《へりくだ》ってひたすらお辞儀するというのは、自分への敬意を損なってしまうように思います。

ペコペコするのではなく、ピシャッと背筋を伸ばして、大切な人やものに、心をこめてお辞儀をする。相手の目や、ものをきちんと見て、しっかりと頭を下げること。それが、本当のお辞儀だと思っています。

自分が関わる人たち、自分が関わる仕事やものへの感謝と尊敬の心を大切にして生きていきたいものです。それは一見、人に対して行っていることのようで、実は、自分自身の人生を大切に思い、敬うことにつながると思うからです。

敬いの気持ちがもっとも端的にあらわれるのが、普段のあいさつです。

心をこめ、いい声で、きちんとお辞儀を伴う気持ちよいあいさつが、敬う思いを届けてくれます。

ピシャッと背筋を伸ばして、
お辞儀をすること。
相手の目を見てあいさつをすること。
敬意を持ったあいさつは、
よい1日を呼び込みます。

「型」があるから「新しいもの」が生まれる

ありがたいことに、私は仕事が苦になるとか、やめたくなったりしたことが一度もありません。

私にとって毎朝出勤するということは、日課であって、あたりまえのこと。

習慣というのは、身につくまでに時間がかかりますが、一度身につけると、それをしないと居心地が悪いと思うようになります。たとえば、朝の歯磨き、身じたくがよい例ですが、もし「一生現役で生きていきたい」というならば、現役の働き方を「習慣」として身につけるのが手っ取り早いかもしれません。

もしも、会社員で60歳まで働き、退職したとしても、まだ若いのですから、そこから何か新しいことを始めて、日々の習慣にしていくこと。

今までやりたいと思っていたことを始めてみるのもいいですし、健康や食事に気を配った生活を習慣にしてみるというのもいいでしょう。どんな生活が習慣化されていると自分が満足できるのか、考えてみることはよいことだと思います。

私は毎朝、一番に出勤して、誰よりも先にお店に立ちます。お店が終わるまでいて、最後に帰ること。一緒に働くスタッフやお客様を迎え、見送る自分でいることが習慣であり、望む姿です。

仕事以外の私の習慣はといえば、朝飲む酵素と、夜のご褒美ビールです。それから、出かけるときには、必ず眉毛をきちんと描いて、口紅を引き、頬紅を塗ることです。

以前は、毎月表参道の美容院に通ってパーマと毛染めをしてもらうことが習慣でしたが、今は足のリハビリもあるため、別の美容師さんに訪問してもらって、髪の毛を整えています。

健康の習慣と、仕事の習慣と、女性としての身だしなみの習慣。

これは、私にとってとっても大事な習慣ですが、何かが習慣化されると、行動することが億劫《おっくう》ではなくなるような気がします。

習慣にしていることが多いほど、気力も筋力も保つことができますから、年齢を重ねれば重ねるほど、習慣と挑戦を増やしていくのは、長生きの秘訣《ひけつ》のひとつといえるかもしれません。

習慣化されると「いやだなあ」「面倒だな」と思うひまなく、からだが勝手に動くようになります。

そうなると、不思議なことに、人生には「すきま」ができます。余裕が出るという言い方もできるでしょうか。そこにまた一つ、やりたいことをやる余力が生まれます。「型」をつくることで、意外にも新しい風が生まれるのです。

今私が新しい習慣にしたいなと思って取り組んでいるのは、パソコンやスマホを使いこなせるようになること。考えたり、誰かに聞いたりしなくても、ササッと扱えるようになれたらいいなと思っています。

何歳になっても、挑戦はできるし、新しい習慣を自分のものにしていくことは十分可能だと思います。

でも、最初から大きなことを目標にするとやっぱり三日坊主になりやすいもの。私も高望みはしていないのですが、目標が大きすぎて、あきらめたことはいくつもあります。そう考えると、一歩目は小さいところからがいいかもしれません。「これだけは毎日やろう」ということを、必ず毎日できる範囲で始めてみる。あるいは、やらなくても心のどこかで思うことから始めてもいいと思います。「これができるようになったら」と、まずはじっくり思いを馳《は》せることも大事な一歩ですからね。

習慣にしていることが増えると、
心に余裕ができて、
からだは軽やかに動きます。
こうしてできた余白には、
新しい風が吹きこみます。

よい「あたりまえ」、よくない「あたりまえ」

毎朝起きて、仕事に行くことは、私にとってあたりまえのこと。

そう先にお伝えしましたが、「あたりまえ」には、くすりになるものと、毒になるものがあると思います。

まず、くすりになるのは、「それがあたりまえだから、しっかりやらなくては」と思うとき。自分のやるべきことが明確で習慣化されていると、行動に対して疑問を抱くこともなく、いやな感情を持つこともありません。

つまり、よい「あたりまえ」には、余計な悩みが浮かびません。雑念なくそのことにまっすぐ向き合うことができる状態のことです。疑いなくひとつの目標に向かっているとき、人は強くいられますし、大きなことも成し遂げられるように思います。

そして、何より悩みが生まれません。

たとえば、戦争中、爆撃から生き延びなくてはという日々では、その日1日を生きる、という目的があってそれしか見ていませんから、そこに悩みは生まれませんでした。

また、戦後のように、皆が貧しくて仕事も少ない中で、目の前の与えられた仕事を懸命にやっているときも、そこに悩む暇はやはりないでしょう。

悩みが出てくるのは、豊かさが生まれたときなのです。

命の危険がなくなり、余裕が生まれてはじめて「この仕事は自分に合っているのかどうか」などと悩みが生まれます。

そう、悩みが出てきて、やりたくないことや、やめたいことが出てくるというのは、実は、それだけで豊かなのだということです。だから、「やりたくないなあ」と思うとき、その背後にある豊かさに気づきなさい、ということでもあるような気がします。

一方で、誰かに押しつけられた「あたりまえ」は、心やからだを壊す毒になることもあります。そんな「あたりまえ」は疑ってみることも必要かもしれません。

お店に立ってきた時間がスタッフの誰より長くなった私は、普段から、誰かに自分の「あたりまえ」を押しつけていないかどうかを、自分自身に確認するようにしています。

意識して、若い人たちの意見や考えを大切に扱うように心がけているのも、この理由からです。

ヒルマ薬局の店内には、薬局が求める理想や夢を、絵や写真とともに描いたドリームマップが掲げられていますが、それも、若い薬剤師らのアイデアでスタッフたちが皆で描いたものです。

また、母の日に一輪のカーネーションをお渡しするちょっとしたイベントも、若いスタッフの提案から始まったもので、もう数年続いています。

女性だけではなく男性にもお渡しするので、「あれ？　僕に？」とおっしゃるお客様もいますが、「あなたにも、お母様がいらっしゃるでしょう？」と伝えると、ちょっと微笑《ほほえ》んで受け取られます。ご存命であろうとなかろうと、お母様のことを思い出し、その記憶にひたる母の日も素敵だと思うのです。

当然、コストはかかるものですから、薬局は薬を売るところ、という「あたりまえ」に照らしたならば、不要となってしまうことになるかもしれません。

でも、そんな「あたりまえ」を壊した挑戦は、新しい空気を運びます。誰かのアイデアに向かって一緒に取り組んでみると、心にさわやかな風が吹き込みます。

実際、この母の日プレゼントはお客様にとても好評で、母の日以外にも、節分やひなまつり、ハロウィン、クリスマスにも、お客様への小さなプレゼントを続けています。

ひとりではできなくても、誰かと一緒に新しいアイデアをかたちにすることは、
毎日できる小さな挑戦です。

前向きなあたりまえは悩みを取り去り、
押しつけられたあたりまえは、
心の檻《おり》を生みます。
ときどき、
自分の「あたりまえ」を見直して、
新しい風を取り込みましょう。

「共に」「一緒に」を口ぐせにする

病院の周りには薬局がひしめきます。小豆沢《あずさわ》の地にお店を出したときは2軒だけでしたが、今は通称「薬局通り」と呼ばれるほど、たくさんの薬局が並んでいます。

互いにライバルですが、同時にご近所さんです。

２０１５年に厚生労働省が「『門前』から『かかりつけ』、そして『地域』へ」をキャッチフレーズとして、より地域に根差した薬局のあり方を提唱してきました。それによって、かかりつけ薬局、かかりつけ薬剤師を持つことが推奨されているわけですが、これは「お客様が自分に合った薬剤師を選ぶ」時代だというこ

とでもあります。

そんな中にあって、薬局はそれぞれ競い合うのではなく、互いの強みを活《い》かすことが、互いを生かしていくのだと思っています。そうすることで、お客様にとっては自分に合う薬局や薬剤師を見つけることができて一石二鳥ですね。

ヒルマ薬局の特徴や強み、なんてことを改めて考えたことはありませんが、お客様が教えてくださることがあります。

「入りやすい雰囲気がありがたい」「話をしっかり聞いてくれる薬剤師がいる」といったうれしいお声が、それに当たると思っています。

ヒルマ薬局は、戦時中空襲を逃れて長野に疎開していた父が、焼け野原となった東京の地に戻りゼロからつくり上げたものだということは、先にお伝えしたとおりです。

当時は医者も少なく、薬はもちろん、健康についての相談は薬剤師が受けていたものでした。薬剤師が判断して薬を販売することもできたので、薬局はお医者さんよりも気軽に相談できる駆け込み寺のような存在だったといえるでしょう。父も私たちも、そんな思いで一生懸命働いてきました。

そのころに持っていた志を、息子の妻や孫、そして一緒に働く薬剤師が今も受け継いでくれていることは、本当にうれしいことです。

また、ありがたいことに、「榮子先生と話せるからここに来ています」と言ってくださる方もいます。年齢を重ねた人は、自分の心やからだ、老いについての不安を若い人には話しにくいというのもありますよね。その点、96歳の私は誰よりも年上。そうでなくとも確実に同年代ですから、気軽にお話しいただけるのかもしれません。

年齢を重ねた薬剤師にできることは、老いてもなお、幸せでいる姿を若い方々にお見せすることかもしれません。

だから、数年前に骨を折ってから杖《つえ》や歩行器を使いながらも、リハビリを続けています。それを見て、私よりも若い方が「私も頑張ります！」と言ってくださるなら、それこそ、薬剤師冥利に尽きるように思います。
たいそうなことはできませんが、日々の小さな頑張りが、地域の人たちを勇気づけられるなら、私はいくらでも頑張れる気がしてくるのです。

ひとり勝ちを目指すより、
自分の強みを活かしながら
誰かと共に生きていく。
組織でも、地域でも
私たちはそこで生かされているのです。

いつまでも社会とつながり続ける

お客様を長年見ていて思うのは、元気なご高齢の方には、共通項があるなぁということです。

若いころからバランスのとれた食事を心がけ、しっかり睡眠をとり、適度な運動とストレスの発散の仕方を見つけて、活発に動いてきた人だと感じます。

定年などによって家にいることが増えると、人は急速に物事に取り組むのが億劫になりますが、定年してからも、仕事をしているときと同じように活発な生活を心がけている人はいつまでもお元気だと感じます。

私自身、今も元気に働けているのは、息子の妻で薬剤師でもある公子《きみこ》さんが、毎日栄養バランスを考えたお弁当を用意してくれていて、日中はしっかりと働いて、夜ぐっすり眠ってきたからだと思います。

また、人と会話をするということは、年代関係なくすべての人にとって、脳を健やかに保つためのくすりのようなもの。私は薬をお出しする仕事をしながら、お客様から元気をいただいてきたのだと思います。ありがたいことです。

会社にお勤めの方は、60歳や65歳で定年を迎えることが多いと思いますが、今の60代は現役世代といっても過言ではないくらいに皆さんお元気です。お孫さんがいらっしゃる方は子どもからもらうパワーや、子どもと遊んでいるときに体力がついて、親世代よりも元気な方も少なくありません。

そして、今や人生100年時代ですから、定年から40年、社会人として働いてきた時間と同じだけの時間を、過ごしていくことになります。

第二の人生は、決して余生などではありません。

新しく仕事に就ける人はそうしたほうがいいと思いますし、そうでなくとも、昔やりたかったことや習い事、なんでもチャレンジするチャンスでもあります。60代になって夫に先立たれたという女性が、興味のあることにかたっぱしから挑戦していき、パステルアートやお花をデイサービスで教える仕事を始められたり、リタイア後に夫婦で喫茶店を始められたり、という話を聞くと、こちらも元気をもらえます。

いきいきと元気で長生きするために必要なのは、チャレンジし続けることなのかもしれません。社会とのつながりを持ち続けることが元気の秘訣、というのは間違いなさそうです。

そして、可能ならば、ボランティアではなくきちんとお金をいただくお仕事であることも大切なことです。お金をいただく以上、プロ意識を持って向き合う必要があります。よい意味での緊張感は、脳を活性化させてくれる気がします。

今もし、40、50代であれば、今からリタイア後に始めることを考えるのも、ワクワクする時間になりそうですね。夫や妻と一緒に何か新しいことに挑戦するのもとても素敵です。きっと楽しい日々になることでしょう。

泣いても笑っても、人生は一度きり。思い切って、これまで自分がやりたかったけれどまだやっていないことに挑戦してみることも、幸せな老後へのコツ……かもしれません。

第二の人生は40年もあるんです。
そこから一から始めることが
あってもいいと思いませんか？

三つ子の魂百まで

学生時代も、大人になってからも、私は新しい世界を見るのが好きで、旅をたくさん経験した日々でした。ヨーロッパをはじめ、海外もいろいろと夫と一緒に歩いて回りました。

いつから、あちこち行くのが大好きだったかというと、思い出すのは小学2年生のときの出来事です。

当時私は、巣鴨にある大正大学の先生のもとで習字を習い始めたころでした。あるとき先生が、「上野の美術館に出してみないか」と言ってくださって、5、6人が美術館に書を展示してもらえることになったのです。

「春近有梅知」としたためた書に、落款を押して、自信作になりました。

展示期間中、先生が、その5、6人を先生の家に集めて美術館まで連れて行ってくれることになったのですが、私は約束の時間に遅れてしまって、先生の家に行ってみたら「もう先に行かれましたよ」と言われたのです。

でも、どうしても見に行きたかった私はあきらめきれません。池袋から都電に乗って、上野まで七銭を持って、美術館に向かったのです。

家族がよく上野動物園へ連れて行ってくれていたから、それを思い出しながら、厩橋《うまやばし》行きの都電へ乗って大塚三丁目で上野行きに乗り換えて、不忍池《しのばずのいけ》のほとりへ出て、上野駅で下車。動物園の並びにある美術館までひとりで行きました。

でも、到着したらもう皆は見終わって帰ってしまっていて、自分の名前が出ているのをひとり確認して、また電車に乗り帰ってきたのです。

家に帰ると両親に叱られたのはいうまでもありませんが、「どうしても見たい」という思いに突き動かされた〝冒険〟の記憶は、鮮明に脳裏に焼きつきました。

おもしろいことに、その展示された書が、先日出てきたのです。戦時中に長野へ疎開したときに持ち出したものの中に入っていたことを思いがけず知り、ボロボロの状態だったものを、お客様の知り合いの表具師の方に直していただいて、見事、当時のようにきれいになりました。

床の間に飾っているその書を眺めるたびに、当時を思い出し「三つ子の魂百まで」とはよくいったものだな、と思わず笑みがこぼれます。「人って、根本は変わらないのだな」と思うからです。

お習字と旅はずっと、私の人生を潤す大好きなことであり続けました。「冒険心」もずっと持ち続けてきた気がします。

定年後や年齢を重ねてから、「何か新しいことや趣味を見つけたい、好きなことを始めたいけれど、何をしてよいのかわからない」というときには、自分が幼いころどんな性格で、何をしているときが楽しかったのかを思い出してみると、やりたいことが見えてくるかもしれません。

やりたいことをやることも、夢をかなえることも、本当は、何歳になってもできる気がします。

それに、家にこもってしまうと、気持ちもからだも弱ってしまいます。自分からなるべく外に出て、ささやかでもいいから、社会とつながりを持つこと。やりたかったことに手をつけてみること。自分の好奇心にまた火を灯してみませんか？

人間は、やりたいことがあると、頑張らなくても突き動かされるように行動する生き物ですから、目標があるほどに元気でいられると思うのです。

性格や好きなものは
そう変わらないものです。
やりたいことが見つからないなら、
子どものころの自分が好きだったことを
思い出してみてはどうでしょう。

第3章

ぬくもりはくすり

傾聴は「聴きぐすり」

お医者様が処方されたお薬を前にして、「こんなにたくさんの薬、ずっと飲まなくてはならないの？」「普段飲んでいるサプリメントと一緒に飲んでも大丈夫かしら？」と不安に思われる方もいらっしゃいます。

そういった、ふとした疑問や気になることは、気軽にいつも薬をもらう薬剤師に相談してほしいと思っています。「そんなこと聞いてもいいの？」と思われる方もいらっしゃるかもしれませんが、薬剤師は、薬の専門家でありながら、心と健康のカウンセラーのような役割があると思っています。

自分と薬の関係を把握してくれていて、なんでも相談できるのが薬剤師。だからこそ、あなた専属のかかりつけ薬剤師を持ってほしいのです。

そして、話を聞いてもらうだけで、心は少し軽くなるものです。誰かに話し、聞いてもらうことそのものが、くすりになるような気がします。

私の場合、お話をうかがうときは、どんなことでも「そうなのね」と、受け止めるところから始まります。そして、話の途中では口を挟まず、相手の言葉をきちんと聞いてからお答えするようにしています。

たとえ絶対にそれはやめたほうがいい、と思うようなことでも「そんなのダメよ、やめなさい」といきなり伝えることはありません。相手が否定されたように感じるのでは、話してもらう意味がありません。

それでなくとも、やめたほうがいいことというのは、本人が一番わかっているような気がします。頭ごなしにものを言ったり、相手を変えようと強く伝えることはあまり効果的ではないように思います。

自分が相手だったらどう感じるだろう。どう伝えたら、自分の思いをわかってくれていると感じてもらえるだろう……そう考えながら、目の前の人の話に真剣に向き合います。

相手の話に話を続けるような気持ちで、「そう、だからお酒をたくさん飲んでしまうのね。飲まずにはいられないの?」と聞いたりします。

こういう質問も家族がすると、口げんかの火種になることもあるかもしれませんが、不思議と、年齢を重ねた私がおうかがいすると、「そうなんですよ。夫のことでイライラしているのか、つい飲んじゃって」と、素直に話してくださることも多いものです。

なかなかやめられない自分の習慣や、人間関係の相談ごとは、家族よりも、少し距離のある人にしてみるのもおすすめかもしれません。

自分の話を真剣に聞いてはくれるけれど、少し距離感のある人の前で、人は素直になれるものです。

ほどよい距離感によって、相手からの反応や意見を素直に受け取ることができて、少し客観的な目で自分を見直すことができるのではないでしょうか。

私は普段から、お客様たちに、薬の心配ごとはもちろん、健康のこと、言いだしにくいことでもなんでも、安心して打ち明けてくださいね、とおりに触れお伝えしています。

もちろん、医師でも、心の専門家でもありませんから、専門家をご紹介することもあるかもしれませんが、身近に、聞いてくれる人がいるということを実感するだけでも、問題が少し、小さく見えてくるのではないかと思うからです。

小さな不安は、
ぜひ、薬局で話してみてください。
身近な人に言えないことも、
話せば少しだけ、心が楽になるから。

おせっかいは病気のもと？

薬剤師は「気にかける仕事」だと思っています。

そして、気にかけたり心配したりすることは、本来、自分が疲れているときや、落ち込んでいるときにはできないことです。

地に足をつけ、自分自身が自立してこそ、本当に相手を思い、気にかけ、心配するということができます。だからこそ、まずは自分が心身ともに健康であることを日々心がけています。

誰かを心配するということは、心を配ること。

相手の代わりに何かをやってあげるということではありませんし、相手に変わ

ることを期待することでもありません。

私でいえば、「ひと声かける」ということです。

薬の説明をしたあとに、「だいぶよくなってきたみたいね」とひとこと伝える。お客様の顔がぱっと明るくいきいきとします。

心から相手のことを思うひと声は、何気ない言葉であっても相手の心の中で大切な言葉に変わっていくと思うのです。

だから、さりげなく、あなたに関心を持っていますよ、と、お伝えします。

大切なのは、「ひとこと」というところです。

二言も三言も、誰かの問題に深く首を突っ込みすぎると、ミイラとりがミイラになって抜けられなくなってしまうこともある気がします。

自分の価値観や正しさを振りかざして相手に説教をするのは、誰でもついやってしまいがちですが、そこをグッと抑えること。

「あなたはあなたで大丈夫」と、心の中で最初に伝えるようにすると、言葉数は必然的に少なくなり、「ひとこと」で十分となるように思います。

相手との間にほどよい距離を持ってこそ、相手に心を配り、思いやることができます。だからこそ、「ひとことだけ」声をかけ、「一歩だけ寄り添う」のがいいと思うのです。

いうなれば、ソーシャルディスタンスではなくマインドディスタンス。自分の心と相手の心の距離をほどよく保ち、互いを見つめていきたいのです。

そして、自分のケアをおろそかにして、誰かを心配しているのだとしたら、それは、本当に相手のことを思っているのではないかもしれません。「こうしてくれたらいいのに」という、相手への期待であったりします。

または、相手を心配し、気にかけることで、自分の居場所を相手の中に確保したいという思いがあるのかもしれません。

本当は自分が自分にしてあげたいことを、人に助言したり手伝ったりすることで棚上げしていると、心とからだが徐々に疲れてきます。

「病は気から」といいますが、ある意味で「病はおせっかいから」なのかもしれませんね。

そのうち、思ったように相手が動いてくれないことで「こんなにやってあげているのに」と、不満を感じるようになることだってあるかもしれません。

相手も、自発的に動かない限りは変わらないし、「こうしたほうがいい」「ああしたほうがいい」と、口を出されるのがだんだんといやになってきて、心が離れていってしまうこともある気がします。

そうすると、残るのは、孤独で、疲れ切って、自分のお世話をしなかった自分……これでは本末転倒ですし、あまりに寂しいではありませんか。

だから、人のことを気にかける前に、自分のことを気にかける。

いつでも、まずは自分に気を配る。

自分が元気で、安定して、心が豊かなら、自然と相手に声をかけたくなるものです。そのときの声かけは、相手への期待のない、まっすぐな本物のやさしさにあふれているように思います。

気づかいは「ひとこと」が大切です。
相手に関心を持っていると
伝わるだけで十分。
相手の心の奥まで入っていって、
変えようとするのはおせっかい。

納得いくまで
やってみる

ひと昔前の話です。

70代半ばくらいの男性のお客様が、処方箋を出されて「あとで取りに来るから」と外出されました。戻ってこられたときには店内が込み合い、すぐに薬をお渡しできずに、それについて怒って帰られたことがありました。

お店を閉めてから、私は、改めて謝罪をするために、その方の家に向かいました。その方は、玄関先で「もういいから、わかったから」と、投げやりな感じでおっしゃったのですが、なぜかそのままではいけないと思った私は、閉まりかけたドアに、まるで刑事ドラマのワンシーンのように杖《つえ》をはさんだまま、こう話しました。

「いいえ、ちゃんと話を聞いてください」

そうお伝えしてから、ゆっくりとこう話しました。

「私に落ち度があり、お客様に不快な思いをさせてしまい、本当に申し訳ありません。でも、なぜお客様が不快に思われたのか、わからないままではどうしても気になります。お話ししていただけませんか？」

私に根負けしたのか、その方が、ひと息ついてこうお話しになりました。

「実は、数か月前に妻が亡くなりまして。ひとり身になって寂しいし、掃除も洗濯も全部ひとりでやらなくてはならない、薬も取りに行かなくてはならない……で、気持ちばかりが急《せ》いて、思わず強い口調になってしまいました。それなのに、心配してここまで来てくださって、本当にありがとう」

もちろん、今の日本で、閉めようとするドアをつかんで「お話をしましょう」なんて言ったら、警察沙汰かもしれませんが、地域の薬局は、お客様の駆け込み寺でしたから、失望させたくないという思いがまさっていました。
そして、「このままにしておいてはいけない」と思った自分の感覚を信じて行動したことで、お客様が心を開いてくださったのだと思いました。

クレームを言ってきたり、怒り出したりする人の中には、大きな悲しみを抱えた人がいます。やり場のない悲しみが、怒りとなって吹き出してしまうこともあります。特に、おひとり暮らしのご高齢の方が抱える不安と悲しみはいかほどのものかと、当時は慮《おもんぱか》りましたが、今は、そのような方がさらに増えているでしょう。

「恐れを抱いた心では、なんと小さいことしかできないことでしょう」
「私が成功したのは、決して弁解したり、弁解を受け入れたりしなかったからです」

というナイチンゲールの言葉があります。

私は看護師ではありませんが、怒りや深い悲しみを抱えた人と接するとき、腫れ物に触るように接したり、うろたえて逃げ出したりするのではなく、信念を持ってとことん向き合いたいと思うのです。

そして、弁解や弁明をせずに、目の前の相手に、一生懸命に、ひたむきに、真摯に向き合うこと。それは私がずっと大切にしてきたことです。


もちろん、これは薬剤師に限りません。仕事を持っていようがいまいが、すべての人に大切な指針なのではないかと思います。

恐れずに自分の意見を伝えること。自分の過ちは堂々と認めること。

その勇気があれば、どんなときも道は開けると信じています。

人と向き合うときは真摯に、真剣に。
弁解や弁明ではなく、
信念を持って誠実に
言葉を伝えなくてはなりません。

病気にならない考え方

毎日お客様とお話をして、お薬を渡してきた私が思うこと。

それは、「病は気から」という言葉は本当かもしれないな、ということです。

誰の人生にも、落ち込んでしまうような出来事は起こります。ですが、それを気に病み続けると、今度はからだが病んでしまいます。

そういう人たちにお伝えしたいのはまず、「自分自身をゆるす」こと。

多くの人が、自分の過去や、今を責めていて、それによって不眠になったり、胃腸の調子が悪くなったりして病気を呼んでいるところがあるのではないかと思うのです。

「責める」ことは害にしかなりません。自分を責めることも、誰かを責めることも、です。

誰かを責め、誰かへの怒りを持ち続けていると、不思議と頭痛がちになったり、胃痛が起きやすくなったりします。

自分に対しても、「なんで病気になってしまったんだ」「なんで自分にはできないんだ」と責めて、いいことはひとつもありません。「なんで」という質問は答えに行きつかない詰問ですから、生まれるのは苦しみだけです。

そもそも人間は誰もが完璧ではありません。だから、欠けてしまったところに目を向けて落ち込み続けていたら、あっという間に世界は暗くなってしまうでしょう?

まずは自分をゆるしてあげて、自分が自分の味方になってあげることです。

そうでなかったら、病や困難に立ち向かう強さは生まれてきません。だから、自分に対して発する言葉を、ぜひ激励の言葉に変えてほしいと思うのです。

「ありがとう」「頑張ったね」「えらいね」「大丈夫だよ」「できるよ」

毎日、自分にかけるあたたかい言葉は、必ず自分を強くしてくれます。

そして「私は私の味方でいるからね」と、寄り添ってほしいと思います。もちろん、自分のからだの頑張りにも声をかけてあげてください。

私は、足が痛くてつらいとき、そっと足を撫《な》でながら「今日も1日おつかれさん、ありがとう」と伝えていますが、声をかけると、不思議と足が元気になるような気がするのです。


私は薬剤師ですが、薬にばかり頼る生活を推奨していません。

最近は、不眠症の人が増えていて「薬を飲めば寝られるけれど、薬を飲まなければ寝られない」という方も多いのですが、そういう方には、無理に薬をやめろとは言いませんが、不眠症の本当の原因を解消することのほうが大事ですよ、とお伝えします。ストレスで胃腸を痛める人も同じです。

薬はその場で症状を抑えてくれるかもしれませんが、今の生活や環境を続けている以上は、気持ちからくる病気が改善しない人もいます。なぜなら、心が現状をいやがって、「助けてほしい」と訴えている状態だと思うからです。

こんなとき、薬よりも必要なのは、心の中に抱え込んでしまっている感情にきちんと目を向けること。心の内を話せる場所を確保すること。

どれだけ忙しくても、自分のために1日30分でも、時間をつくってリラックスする手段を持つことがとても大切です。

私のリラックスタイムは、毎日の仕事終わりの缶ビール1本です。あの缶を開けたときの「プシューッ」という音がたまらないのです。これがあるだけで私は、心身のリセットができています。

ぜひ、自分だけのリラックスタイムとアイテムを見つけてみてください。

自分に気を配り、心とからだを休め、心の内を出せる場所を持つ。

これらが意外にも、本当のくすりになることがあると思います。

「病は気から」
自分の感情のケアが
病気の予防や緩和につながることもある。
自分が幸せでいるための努力は、
何よりものくすりです。

気をもむ時間をつくらない

私は、先のことを考えて心配することはありません。

もう老い先長くないからといったらそうかもしれませんが（笑）、どうして心配しないのかというと、悪いことは、起きたそのときに考えればいいことがほとんどだからです。

骨にひびが入って入院し、リハビリをしていたときも、「またお店で仕事がしたい」という一心で頑張ってきました。

歩けなくなったときのことを考えて心配しても、それはただの空想。そのときにならないと、向き合えませんし、どう感じるのかもそうなってみないとわかり

ません。だから、先のことを考えたくないし、起きてもないことを心配したってしかたありません。

最近、お客様と話していて思うのが、起きてもいない未来を心配している人が多いということです。

心配するというのは、未来に悪いことが起きることを予測してしまうことでもあります。そして、どんなに心配を重ねても、その悪いことが起きるのを防ぐことができないばかりか、そればかり考えてしまうことで、悪いほうに誘導してしまうこともあると思うのです。

だから、心配性のお客様にはいつもこうお伝えします。

「将来のことばかり考えていないで、今、楽しいことをやってみたら？」

心配しているということは、心配している時間があるということ。日々の目の前のやるべきことが膨大で、それに打ちこんでいたら、心配する暇なんてそもそもありませんよね。今やること、そしてやりたいことで目の前を満たしておくことを心がけたいものです。

もちろん、将来に備えたほうがいいことはあります。

病気にならないように食生活を整えたり、子どもがもめないように相続について考えたり。それらは、ただ起きる未来を怖がって心配しているのではなく、きちんと行動しているからとても前向きです。

だから、心配をするならば、心配を解消する行動とセットにするというのがよいのではないかと思います。

そして、解消しようがないことや、起きるかどうかわからないことへの心配は、今目の前のことや、何か楽しいことに集中して消してしまうほうが、心にも、からだにも、人間関係にもよいと思うのです。

それでも、未来への不安が消し去れずに、囚《とら》われてしまうというときは、その思いを書き出したりして、〝いったん自分のなかから出してみる〟ことも有効かもしれません。案外、「あれ？　起きるかどうかわからないことをずっと考えていた」と気づくこともあるでしょう。

私は長く書道をやってきましたが、書道は心の内側を整えるのにとても効果がありました。集中していると、悩みはいったん脳裏から離れてくれます。

また、からだを動かす習慣があればなおいいですね。

若いころは私も、バレーボール部に入って9人制の後衛のセンターで頑張っていました。部活動や趣味などの活動は、コミュニティに所属することにもなり、人生を通じたつながりができて心身健康でいられるように思います。

孫の康二郎を見ていても、中学時代から大学までバレーボール部に所属していたことで、今も多くの友人との交流を続けているようです。

激しい運動ではなくても、年齢を重ねてから能を始めたりされる方もいます。いつまでも元気でいるためには筋力の維持と、人の集まりが不可欠なのではないでしょうか。

未来の心配よりも、
今日を楽しくする方法を考えましょう。
今に没頭していれば、
心配する暇など生まれません。

人はいつも「お互いさま」で生きている

さりげない声かけは、簡単に誰かを元気にするぬくもりです。

先にもお伝えしましたが、ひと声かける、そっと手を添える、というのは、私の薬剤師としての日々そのもののように感じます。

ちょっとしたことに手を貸してあげたり、あなたを気にかけていますよ、とそっとひと声かけたり、お客様の帰り際、そっと手を握ったり……。

「元気出していきましょうね」というお客様への気持ちは、そのままお客様からこだまのように返ってきて、私のほうが元気づけられることもしばしばです。

整形外科帰りのお客様に、湿布を出すことがよくありますが、湿布はピシャッと貼るのが私の信条。いつも「ピシャッと貼りなさいね！　それだけで、からだが治そうとしてくれるから」と、元気よくお伝えしています。

ただ、今の時代はひとり暮らしの方も多く、背中や腰に湿布を貼ってくれる人がいない人が多いのです。塗り薬も、自分で塗れないという人がいます。

そんなときには「湿布、ここで貼って行きますか？」とさりげなくお声がけします。薬剤師がそこまでするとは思っていないから、もちろん驚かれる方もいます。お手洗いをお貸しして、お手伝いして差し上げると、ほっとした表情をされます。

昔から、看病することを「手当てする」といいました。誰かが手を当てることは、ぬくもりというくすりになるような気がします。

湿布や塗り薬を処方されるときだけでなく、「困ったら、いつでも、毎日でもいらっしゃいね！　いつでも手伝いますよ」と送り出します。そして帰り際には

「また会いましょうね」とお伝えするのです。

人に助けてもらうということは、決して、恥じることでも、申し訳なく思うことでもありません。自分にできないことは、それができる誰かにお願いすることこそ、お互いさまのやさしい人間関係を生み出すと思います。誰かのやさしさを引き出すきっかけにもなります。

人はいつもお互いさまで生きている。自分が元気なときは、誰かに手を貸し、自分ができないときには、誰かの手を借りる。

そんなふうに生きていきたいなぁと思います。

そのためにも、普段からさりげない声かけをすること。自分の心の窓を開いておいて、ありのままの自分を大事に思ってくれる人を持っておくこと。

やさしさというものは、ときにやさしい顔をしていないこともあります。だから、いざというときに本気で諭してくれる人というのは、本当にありがたい存在です。

「良薬口に苦し」といいますが、本当によく効く薬は飲みにくいもの。言葉もそれと同じで、本当に心に響く言葉というのは、うわべだけの関係からは発することができない言葉でもあるのです。

心にも、からだにも、湿布を貼ってもらえるあたたかい関係。

苦い言葉をあえてかけてくれる人こそ、大切にする。

どんなときも、〝お互いさま〟と助けたり助けられたりできるやさしい関係。

誰かとのそんなささやかな絆があれば、たとえひとりでいたとしても、孤独に心をむしばまれることはありません。

自分にできないことは、
人に助けを求めてみる。
人の言葉に耳を傾けてみる。
それができたら、本当の大人です。

「ありがとう」は最高のくすり

私は普段から人の悪口や批判からはなるべく距離をとるようにしています。代わりに、できるだけたくさん口にしているのは「ありがとう」という言葉です。これは、私の元気の源です。

批判的な言葉や、悪口は、言っている自分もそれを聞いていますから、自分もいい気分にはなれません。

年齢を重ねてくると、どうしても、人に頼みごとをする場面が増えますが、それはどんな小さなことであれ「やってもらってあたりまえ」ということなどひとつもありません。

これは、お金を払っていることでもそう。自分がひとりでできないことはすべて、それが誰かの手によってかなえてもらえるとすれば、ありがたいことだと感じます。

だからこそ、1日に「ありがとう」と口にする数こそ、幸せの数であって、ひとりではかなわなかった何かがかなった数だと思うのです。

同様に、「いただきます」もそうでしょう。

最近は、給食はお金を払っているから「いただきます」と言う必要はないという親御さんもいるそうですが、お金を払ったかどうかではなく、「いただきます」は本来、命をいただくこと、食事を作っていただくことなど、「いただいた」ことへの感謝の言葉ですから、大切にしたいと思います。

「ありがとう」「いただきます」と、毎日言葉にしていると、1日のうちにたくさんのありがたいことが起きていて、たくさんいただいているのだと気づきます。

老いてなお、人生は日々豊かだなぁと感じるのはそんなときです。

また、「ありがとう」は自分のためにも使ってほしい言葉です。

今は医療も進んでいますから、60代、70代はまだまだ若いし、働き盛り。それが、80代半ばを過ぎると今までのあたりまえが、そうでなくなることも出てきます。しみじみと、この年まで毎日仕事をさせていただけるからだに産んでくれた両親と、毎日支えてくれる家族への感謝の気持ちが湧いてきます。

できることなら、死ぬまで現役でいたいと思う一方、若いころとは違い、40代のころには10分でできたことが30分かかることも増えました。

ただ、そんな自分を責めたり、それを不甲斐ないとは思ったりしません。からだは、生まれてから死ぬまでずっと私の大切なパートナーだと思うからです。96年間、毎日使ってきた目や耳、手や足ですから、今日も働いてくれていることには感謝の気持ちしかありません。

「今日も1日、頑張ってくれてありがとう」

あるがままの自分を受け入れて、眠る前に、今日できたことに感謝すると、幸せな気持ちがたくさん湧いてきます。そして、その気持ちをまた明日、お客様たちに差し上げたいと思えるのです。

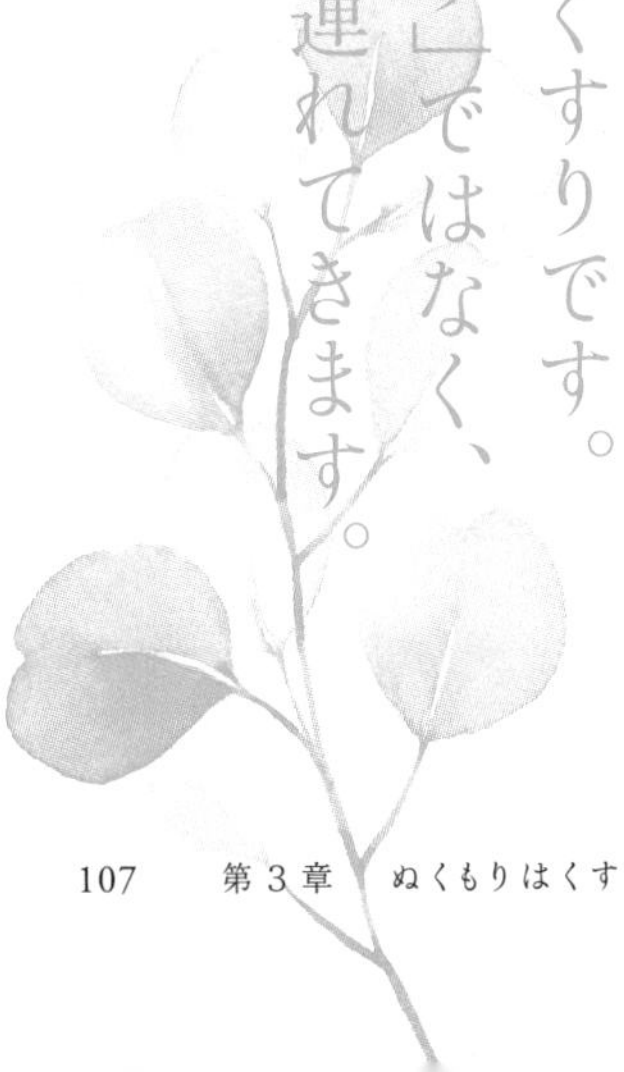

「ありがとう」は最高のくすりです。
幸せだから「ありがとう」ではなく、
「ありがとう」が幸せを連れてきます。

第4章

時間はくすり

傷を癒し人をやさしくする「日にち薬」

こうして本を出させていただいて、ギネスブックに掲載されたからといっても、私は平凡な薬剤師です。薬学の博士号を持っているわけでもなく、経営者としての手腕が優れているというわけでもありません。

ただ、75年の間、店先に立ち続けて、お客様の心に寄り添い続けたことは誇りですし、長く店先に立ち続けてきたこと、そこでお客様と紡いだ時間そのものが、私にとって大きな力になっているのを感じます。

継続は力なり、という言葉は平凡に見えますが、重ねた時間は力に変わると、今は確信しています。

25年前、支店として板橋区の小豆沢の地に開業した矢先、息子が突然の病に倒れたときは、「働かせすぎたのではないか」「心身の負担が大きいことに気づいてあげられなかった」という思いに押しつぶされそうになりました。

でも、立ち止まることはできませんでした。働くことができなくなった息子に代わり、薬局を守っていくことが私の役割だと感じたからです。悲しみに浸る暇もありませんでした。

お客様とのやりとりは毎日が真剣勝負のようなものです。病気やけがをされて病院を訪れたというのは同じでも、状況や環境がそれぞれ違う方々。そのお気持ちを察しながら、お役に立てることを考え、動き、慌ただしく日々が過ぎていった気がします。

もしあのとき、息子が病に倒れることなく、今も一線で一緒に働けていたら……そう思うことがないわけではありませんが、それは考えてもしかたがありません。

今、目の前で起きている現実を受け入れて、前を向き、奮闘してきた長い時間は、私を強くしてくれました。

もちろん、私ひとりですべてを背負っていたわけではなく、「ヒルマ薬局を守っていく」と、家族と同じ方向を見て、またその思いに集ってくれる信頼できるスタッフたちと、同じ思いで歩んできた25年でもありました。その絆《きずな》もまた、長い時間の中で強く、揺るぎないものになっていったのだと思います。

息子が倒れたときにはまだ中学生だった孫の康二郎が薬剤師になり、こうして一緒に店を切り盛りする今、重ねた年月を振り返れば、長かったようにも、あっという間のようにも感じる、尊い時間に思えます。

時間は人を強くし、やわらかくし、絆を深くする。時間は人の心をいつしか癒します。時間は人生の「くすり」のような存在なのかもしれませんね。

困難にぶつかり、後悔や苦しみに襲われたとしても、自分が果たすべき役割に身を投じて日々過ごしていく。
周囲に助けられながら、ひたむきに重ねた時間は、傷ついた人生を癒して、人をやさしくする「くすり」になるのかもしれません。

コツコツと積み重ねた時間が
人を癒したり、
どこかへたどりつかせたりしてくれる。
時間は何よりのくすりです。

上質なものを少しだけ持つ

私が大切にしているのは、時間を刻みこんだような、古いものです。100年ほど前の茶箪笥《だんす》や、子どものころに賞をいただいた書。今も、自分の部屋に置いて大切にしています。

それから、亡き夫や孫と撮った写真、夫と世界中を巡ったときに手に入れた伝統工芸品の数々や、心沸き立つお気に入りの絵画。誕生日にスタッフが寄せ書きしてくれたメッセージボードなど、そう多くはないけれど、本当にそばに置いておきたいものを、見える範囲に置いています。

最近は「断捨離」という言葉があるくらい、ものを持たない暮らしがよいとされていますが、高齢の親がものを捨てられず、子どもが処分に困るという話も多く聞きます。

私も含めて、戦争を体験した世代の人たちがものを捨てられないのは、ものが本当になかった時代を知っているからでしょう。

デパートの包装紙や輪ゴム、プラスチックのスプーンなど、使えるものは繰り返し使う、ものを捨てることに罪悪感を覚えるということも少なくありません。

昔から日本には八百万《やおよろず》の神の考え方があります。すべてのものには心があり、大切に扱わなければバチが当たる、と考えられてきましたから、ものが捨てられないのはその心のあらわれでもあるのです。

そうはいっても、少ないもので整えられた部屋での生活は、心の余裕を生み、豊かな老後を授けてもくれるというのも本当でしょう。年齢を重ねたら、自分にとって大切なものを選んで、それらをいつでも眺めながら眠りにつける……そんな生活を目指したいものです。

また、年を重ねるほど、自分に対して豊かなお金の使い方ができなくなるという人も少なくないようです。お金がなくなることへの不安もあるかもしれませんが、上質なものをほんの少し自分の生活に取り入れるためにお金を使うことは、心を豊かにしてくれると思います。


私は、何をせずともゆっくりできる静かな環境が好きで、軽井沢へよく出かけましたが、都内でも、時間ができると、ホテルでゆったりとした時間を楽しんだものです。

息子の妻で薬剤師の公子さんに「ちょっと、おいしいものを食べに出かけない?」と声をかけて、一緒に食事に出かけることもしばしばです。他愛もないおしゃべりや、おいしい食事は、実はとても豊かで、心を潤してくれる大切な時間です。

以前、私の95歳の誕生日のときに、軽井沢のホテルのレストランでの食事を計画していたときのこと。大阪に嫁いだ娘をはじめ、孫やひ孫も軽井沢へ駆けつけてくれて、バースデーパーティーを開いてもらったことがありました。思いもよらないサプライズに、うれしいやら、驚くやら。

でも、こんなふうに家族が集える時間や、心を豊かにしてくれる時間は何より大切。

それほど高級でなくてもいいのです。自分で選んだ、少しだけ上質なものを持ち、自分のためにゆったりとした時間を使う。

ときどき、そんな機会をつくってみるのもいいものです。それは、心を豊かに日々を過ごす秘訣《ひけつ》のような気がします。

すっきりとした空間で、
大切なものに囲まれて生きる。
これまで手放せなかったものを
手放せたら、
そこから、新しい人生が始まります。

プライドは必要、人の目は不要

「人からどう思われるか考えなさい」

ひと昔前は、そうやって親から、周囲の目、近所の目を気にするようにしつけられたと思います。でも、今は、過剰に人の目を気にしたり、人の評価に振り回されたりすることで、鬱になったり、家から出られなくなる人も増えています。

学校や会社へ「行かない」という選択ができるようになったのは、ある意味、周囲の目よりも自分を大切に扱えているからかもしれませんが、人からの評価は手放して生きるほうが、気持ちが楽になり、幸せでいられる気がします。

仕事へのプライドは大切です。

私もそれはしっかりと握っていて、薬剤師という仕事をまっとうするつもりですが、この年齢だからすごいというわけではありません。若いころは多少抱いていたであろう「人から評価されたい」という思いも、今ではほとんど見当たりません。

代わりに、日々気になるのは、いらっしゃるお客様たちに笑顔で帰っていただけたか、ひとときの時間を満足していただけたか、必要とされる薬局であり続けられるか、ということ。

「評価されたい」というごつごつした思いは、時間をかけて少しずつ削り取られ、まあるい石にでもなったのでしょうか。実のところ、それはとても心地よい感覚で、こちらのほうが、人本来の心のあり方なのだろうと思わされます。長い時間は、心もまあるくし、人の本然を取り戻してくれるのかもしれません。

そんな、長い時間を歩んできた私のように、年齢を重ねた人間にできるのは

「何か、お役に立てるでしょうか？」という気持ちで、気軽に声をかけることだと思っています。本当の意味で誰かの役に立つ、という意識です。

たとえばこれはごくごく身近な例ですが、お子さんが薬を飲んでくれないからと、そのまま飲ませずにいるお母さん。子どもが飲みたがらないのはある意味で当然。飲んでくれる工夫をしなくてはなりません。

薬剤師としてお子様の飲みやすい味の製剤に変更したり、回数を減らしたり、何と混ぜればおいしく飲めるのか、何と混ぜてはダメなのかといったことも伝えています。

ときどき、これ以上やさしい言葉を並べていてもお客様のためにならないと感じるときには、少し強い口調でたしなめることもあります。

薬は命にかかわるもので、薬を手渡す私たちは、医療とお客様との間に立つ、ゲートキーパーのような存在です。本当にその人のことを考え、お伝えしなくてはならないときがあります。

　これは、相手の目や評価を気にしていないからこそできることともいえますが、結果的には薬剤師としての役割をきちんと果たすことでもあり、お客様に満足して帰っていただくことでもあります。

　人からの評価や、人の目を気にしているときはエゴが強いときだと思うのです。そういうとき、うわべだけの言葉になったり、押しつけがましい態度になったり、反対に、本当に伝えなくてはならないことが伝えられなかったりもします。

　そんなとき、相手の思いを汲《く》み取ることはできませんし、ましてや相手のことを思って叱るなんてありえませんが、それは、薬局としての本来の役目を放棄していることになります。


　人の評価を気にしない。その代わりに、本当の意味で誰かの役に立つことに、プライドを持つ。

周囲の雑音に耳を傾けるのではなく、今この瞬間に、目の前の人の役に立てることに、せいいっぱい集中できたら幸せです。

人からの評価よりも
目の前の方のお役に立てるかどうか。
その積み重ねが
信頼となっていくのでしょう。

命の時間を愛おしむ

時間はくすり、とお伝えしましたが、時間は命そのものでもあると思っています。誰もが有限な時間を過ごしていると考えると、自然に、自分の時間も相手の時間も大切にしようと思えてきます。

特に年齢を重ねると、幸せな時間をどう重ねていくのかを考えますし、お客様にもそうであってほしいと思っています。

薬局を訪れるお客様にもいろいろな方がいらっしゃいますが、たとえば、仕事をされている人だと仕事を休んで病院へ行き、長く待たされて診察を受けて、薬局までいらっしゃるときには疲れていることも多いものです。

そんな中で薬局でまた長い時間お待たせするのは心苦しい。ですから、薬局ではできるだけ、スムーズに薬をお渡しできるよう、薬剤師たちはよくお越しになるお客様の顔と名前、飲んでいる薬を覚えていて、すぐに調剤できるようにしています。

また、お待たせしている間も、ただ待っていてもらうのではなく、店内のカフェスペースで談話したりテレビを見たりしてもらえるようにし、お客様の大切な時間を無駄にしないように心を配っています。

地域に根差した薬局だからこそできることでもありますが、お薬をお渡しする際には薬のことだけでなく、お客様の様子に気を配り、ドアを出ていかれるときまでに、少しでもニコッとしていただけるように努力しています。

そんな日々を過ごしていると、結局のところ、普段の自分がどれだけ淡々と、やるべきことをこなしていけるのかが、自分の時間も、他人の時間も丁寧に扱うことにつながっているのだと思うようになりました。

自分がやるべきことをこなすには、まず、そのときそのとき、きちんと自分で判断して決断をすることが必要です。さらに、優先順位も大切で、今日の予定、自分や一緒に働く人たちのスケジュールや役割分担について把握していないと、直前になって慌てたり、約束の時間に間に合わなかったりということが起きてしまいます。

「淡々と」ということは、決してダラダラと生産性なく過ごすということではありません。その正反対で、やらなければならないことがわかっていて習慣化されているからこそ、気分に左右されずにやるべきことを実行できます。

日々淡々と過ごすということは、実は、とても効率のよい時間の使い方なのかもしれません。

私は毎朝、家で「今日は誰が早番か遅番か」をチェックして、家を出る15分前にタクシーを呼び、8時50分にはお店に着くようにしています。

最近は、この毎日のあたりまえに思える、淡々と支度をする時間が自分を整えていることを実感します。少しずつ仕事モードへと心とからだが移り変わり、頭のなかが整理される、おごそかな時間です。

もちろん、私がこうしたルーティンとも呼べることがらを、長く続けてこられたのは、仕事を続けられる幸運な環境があったからです。

定年退職された男性で、生活リズムが変わって、気分が晴れないという方には、家にいたとしても、働いていたときのように朝早く起き、やることを決め、実行することを提案してみたことがありますが、人にとってルーティンは、自分を律するリズムをつくる、とても大切な存在のような気がします。

まず、自分の時間を大切にし、それから自分の周りの人たちの時間を大切に扱う。そうすることで、いつまでも、メリハリのあるよい時間を過ごせるはず。そう確信する私ですが、90歳を過ぎてからは、さらに1分1秒の重みを感じるようになりました。そして、今だから思います。

「私がこれまで過ごしてきた時間に、無駄な時間などなかった」

若かりしときはそう思えず、ガムシャラに走っていた時期もありましたが、それも含めて、これまでの自分の時間を、すべて愛おしく思うのです。

今年88歳になる、ピアニストのフジ子・ヘミングさんが、以前、ドキュメンタリーでこんなことを言われていました。

「人生とは時間をかけて私を愛する旅」

そう、長く時間を重ねたからこそ、ゆるせることもあり、自分自身への愛も深まっていく。最後まで自分を愛する旅を続けていきたいと願います。

人生は有限です。
自分の時間も相手の時間も
かけがえのない命の時間とわかると
毎日は愛おしいものに変わります。

自分でできることは
自分でする

年を重ねるということは、すべて自分でできていたことが、少しずつできなくなっていくことでもあります。

高齢社会ということもあって、介護を受ける方は昔に比べて格段に増えています。

大変な介護の様子をお客様からうかがっていると、ときおり、本人ができることまで奪っていないかを考えさせられることがあります。

介護とは本来、自立を支援するためのものであり、本人からできることを奪うことではありません。もちろん、介護する側も仕事をしながらであったり、要介護者が重度の肢体不自由、認知障害などがあったりして、本人に任せることができない場合もあるかもしれませんが、それでも、「自分でできることは自分でやる」が基本だと思っています。

これは、私自身が、足にひびが入り歩けなくなった時期に介護のサービスを利用して気づいたことでもあります。

もちろん、自分にできなくなったことを誰かにお願いすることも出てきます。介護の仕事というのは体力も気も使う仕事ですから、それについては、謙虚な気持ちでお願いするというのがよいと思っています。

ときおり、ご家族のお話をされる高齢の方で「してくれない」「してくれない」と口にされる方もいますが、人にやってもらうことは必然になっていくのだからこそ、自分でやれることは自分でやるという意識を持つことが、よりよい老後の秘訣なのではないかと思うのです。

人にしてもらうことが前提になると、結果的に、どんなにしてもらっていても足りない気がしてしまいます。まず自分が自立できるところはして、自分にできることは進んでやって、そのうえで、できないことをお願いする。それができると、こちらも自然と感謝の思いが湧いてきますし、手伝う側も、「できないことはお互いさまね」と思って動いてくれるように思います。

また、家族の中では、何かしら、やってもらうことがあたりまえ、という考え方をしてしまいがちですが、親しき中にも礼儀と感謝あり。心の距離や生活している距離が近いほど、自分は自分、相手は相手、という線引きをしたうえで、ひとりの人として尊敬の気持ちを持って接するということが大事だと思います。

「栄子先生は家族と家でも職場でも一緒なのに、仲がよくてうらやましい」

そんなふうに言われることがあります。

そう言われる方のお話を聞いていると、家族と自分の境界線が曖昧になり、相手に、自分が思うように感じてほしいという期待をしていることが多いように思うのです。

そう思う気持ちもわからないわけではないですが、相手への過度の期待は、思うように相手を変えようという言動につながっていきます。そうなると、相手にとって、当然それはうっとうしいものですから、きつく当たったり、疎遠になったりしていくことがあるかもしれません。

血のつながった家族であっても、それぞれ生きてきた道のりが違うのですから、考え方や行動に違いがあって当然。そんな意識を持つことは、心健やかな家族関係の基本だと思います。

家族であっても、友人知人でも、相手をひとりの人間として尊重し、それぞれ違った考え方で生きているという目で見ていれば、不思議と、過度な期待も心配も消えていき、相手を信頼できるようになります。

すると、相手もこちらのことをひとりの人間として丁寧に扱う余裕ができ、互いの関係性はよくなるように思います。

人に期待しすぎない。
相手を変えようとしない。
それが、人間関係を
円滑に保つ秘訣です。

少しだけトーンダウンして生きる

これまで薬局で、月曜日から土曜日まで、休みなく働いてきましたが、同時に旅好きな私は、若いころは1年に1度は2週間くらいお休みをもらって、海外旅行に出かけたりすることもありました。

夫ともよく2人で世界を回ったものです。夫が亡くなってからは大阪にいる娘が私を引っ張り出してくれていました。

最後に行ったのは80代の台湾。孫たちが一緒に来てくれて、夜市でおいしい台湾料理やめずらしいゼリーを食べたり、史跡を見たりして楽しい時間を過ごしました。本当によい思い出です。

でも2019年、長年無理をさせていた股関節にひびが入ってしまい、3、4か月入院をしました。

こけたのではなく、いつもどおりタクシーに乗り込むとき、ただ座ろうとして、足がつけなくなってしまったのです。

けがをした本人は痛みが走った瞬間も、「あーまたやっちゃった」という感覚で、「もう歩けないかも」とは思いませんでしたが、90代での骨折は、家族も知人もお客さんも、みんなを心配させたと思います。

こうして思いがけず、突然の入院生活が始まったのですが、そこで改めて思ったのは、からだが自由に動くということの贅沢《ぜいたく》さと、支えてくれる人たちのありがたさでした。

当然薬局は私がいなくとも回っていますが、入院中は、懸命にリハビリをサポートしてくださる先生や、日々顔を出して励ましてくれる家族、私がお店にいないことを心配してくれるたくさんのお客様たちの存在の大きさを痛感することになりました。

人は、誰かのためと思うとき、普段以上に頑張れる気がします。

人間の治癒力は、薬で促されるのではなくて、気力や周りの存在から引き出されるのかもしれないと痛感した出来事でした。


薬局に来たなじみのお客様たちは、薬局で撮った自分の写真を孫の康二郎に預け、それがＬＩＮＥで送られてきます。

普段は、薬剤師である私が、お客様を励まし元気づける立場ですが、お客様たちの応援が、私を勇気づけ、鼓舞してくれている――本当のことをいえば、これを機に薬局は引退する時期なのかもと頭をよぎった私でしたが、

――やっぱりお店に戻らなくちゃ。

そう素直に思えたのです。

お店に戻ったときは本当にたくさんのお客様たちが喜んでくださって、人はこ

うやって、互いに思いやって日々生きているのだと実感しました。

今もリハビリを続けていますが、人間、少しずつでも鍛えれば筋肉もついてくるようで、歩行器に手助けしてもらいながら、歩けるようになってきました。

でも残念なことに、骨折をしてからは、ひとりで外出することができなくなりました。毎月通っていた表参道の美容院も、大好きなウインドウショッピングもできなくなってしまいました。

この年齢になるとしかたないことなのかもしれないと思いますが、若いころに「あそこへ行きたい」「あの景色が見たい」という思いのままに、さまざまな場所へ旅をしてきたことを、今振り返って本当によかったと思っています。

もしも、この本を読んでくださっている方が、自分の足で歩けて健康であるなら、ぜひ、見たい景色を見にいってほしいと思います。

そして、からだの自由がきかなくなったとしても、決してそれ自体が不幸なのではありません。そのときに自分が「幸せだな」と思える小さな材料を、今からいくつ集めておけるか。
楽しめる仕事や趣味、子や孫の成長、応援してくれる人たちの存在——平凡の中にひとつでも多くの幸せの「種」を見つけておきたいものです。

からだの不自由も、
それ自体は幸不幸を決めません。
結局、幸せは
見つけたもの勝ちです。

生きる意味を考えなくてもいい

薬剤師になって75年がたちました。

ずっと、目の前のことだけを見て、懸命に過ごしてきた結果、こんなに長い時間がたっていました。

毎日の仕事に追われ、スタッフと一緒に、店内の飾りつけを手伝ったりして過ごせる日々に大きな幸せを感じています。

一方で、刑務所の診療所に薬を届けに行ったときに、働く囚人の方の姿を見て「これほど一生懸命に働いている方が、どんな罪を犯したのだろう」と思いを馳《は》せて胸を痛めたこともあります。

私がこうして薬剤師としての人生をまっとうできるのは、生き抜いたご先祖様がいてくださったから。命のバトンの尊さを実感しながら、毎日お客様を見ていて思うことがあります。

病に苦しむ方々の中には、「自分の命の意味は?」「いったい、なんのために生まれてきたのだろう」と、深く考えてしまう方がいます。そんなとき、「どの命も、生まれてきただけで本当に尊いのだ」ということを、伝えられたらと考える日々です。

日本には戦争がありました。

それはまだ、遠い昔の出来事ではありません。

私が今でいう大学の薬学部に通っていたのは大東亜戦争のときです。1941年の末には真珠湾攻撃があり、男子薬学生は徴兵検査を免れるのですが、自分で志願して戻らない人もいました。

長野に疎開をして畑で自給自足をしながら、薬局を開きました。終戦後は、東京と長野を行ったり来たり。戦後の不自由さの中でも、仕事ができる。それを何よりも恵まれていると思っていました。

今を生きる誰もが、そんな時代を生き抜いた先祖のもとに生まれた、命のバトンを受け取った存在です。戦争のことを直接知る人は、もう本当に少なくなりましたが、それでも、今を生きる人たちが奇跡のように尊いことは間違いありません。

そうはいっても、病気で苦しいとき、ひとりで孤独を感じているとき、社会とのつながりの断絶を感じるときというのは、生に対してポジティブな気持ちを持てなくなることもあります。

薬局にいらっしゃるお客様の中にも、命の大切さより、苦しみを強く感じられて「生きているのがつらい」と言われる方がいます。

長く生きてきた私がその方にお伝えできることがあるとしたら、「自分の生きる意味や価値について深刻に考えなくてもいいのよ」ということ。そして「助けを求めなさい」ということ。

老いたり病気になったりして人に迷惑をかけることは、決して、誰かを不幸にすることではありません。人の役に立つことができないからと、自分には価値がないなどという幻想に苛《さいな》まれる必要もありません。

あなたのSOSに手を差し伸べてくれる人は必ずいます。だから、苦しいときは助けを求めてほしいと思うのです。

「私は、あなたが生きているだけで、うれしく思うの」

戦争を乗り越えて生き残り、長く生きてきた私だからこそ、病気などで生きる意味を見失っている人に、何度でも、そうお伝えしたいと思っています。

どの命も、生まれてきただけで尊い。
人生の意味を考えるよりも、
自分が生を受けたこと、
生き抜いたご先祖に感謝の思いを
感じて生きたいものです。

生き抜く姿を子どもや孫に見せる

「家族で仕事をしていて、関係性がうまくいっているのはまれなことですね」

そう言われることがありますが、私にとって、家族で薬局を運営していくことは、もはや人生であたりまえのことになっています。

ただ、なぜうまくいっているのかを改めて考えてみると、家族それぞれが自立して、薬剤師として誇りを持って仕事をしていることと、ひとつの目的に向かって進んでいるということでしょうか。

我が家は家業として家族で仕事をしていますから、薬剤師同士、企画や広報担当など、仕事をしているときの役割がはっきりしています。

そして、仕事が終わって自宅に戻れば、互いを邪魔せずにひとりになれる時間を大切にしています。

親しき中にも礼儀ありといいますが、これは、どれだけ近しい仲でも、夫や子どもであっても、そこには土足で踏み込んではいけない個人の世界があるということ。家族だからといって子どもや孫の人生の選択を邪魔する存在であってはならないと思っています。

ヒルマ薬局を立ち上げたのは私の父ですが、そこから代々薬剤師として生きていく道を選んできました。とはいえ、薬剤師になることを子や孫に強いたことは一度もありません。

先代を含めて私たちが地域を大切にする薬局を目指して、毎日丁寧にお客様と接してきた姿を見て育った子や孫たちが、「この仕事に就きたい」と思ってくれたことは、仕事を続けてきた私が誇りに思うことでもあります。

働く姿を見せること。

働く喜びを感じている姿を見せること。

誰かの役に立っている姿を見せること。

人生を生き抜く姿を、いつも堂々と周囲の人に見せられる人でいられたら素敵です。自分ができもしないことをガミガミ言うよりも、何かに淡々と打ち込む姿を見せるほうがメッセージを持つと思います。黙って背中で語るのは、男だけではありません。

会社員のご家庭では、普段、父親や母親がどんなふうに働いているのかを見る機会は少ないかもしれません。でも、子どもがある程度の年齢になったときには、自分の働く姿や姿勢を見てもらえる機会があるとよいように思います。話して聞かせるだけでも十分かもしれません。

そして、年齢を重ねたときにも、自分の子どもや孫たちが、老いることを苦しみだと思わないように、ぜひ、はつらつとしていてほしいと思います。

不平不満を言って子どもや孫を困らせるのではなく、「うちのばあちゃん、なかなかイケてるなあ」って思われていましょうよ。

私は、それこそが、先を生きる人間の役割だと思うのです。

家族に不平不満を言うよりも、
いきいきと過ごす姿を見せる。
それが、先を生きる者の
責任かもしれません。

朝、目覚めたなら、その日の「お役目」があるということ

薬局というのは、健康な人よりはご病気の方がいらっしゃることの多い場所です。抗がん剤治療を受けている方や、精神疾患を患う方、透析をされている方もいらっしゃいます。その中には、自分のご病気に悩まれている方もいらっしゃいます。

「生きていたってしかたがない気がする」

「なんのために生きているのかしら」

そうおっしゃるのですが、私は「悩むくらいなら、生きている意味なんて考える必要はないわよ」とお伝えすることがあります。

でも、私も悩むことはあります。

夜中に足が痛くなったときに、「もう今日でおしまいかな。明日もうベッドから起き上がれなくなっちゃうのかな」と思うことがあるのです。

次の朝、痛みがなくなっていて、ベッドから起き上がれるのが不思議なのですが、だからこそ、未来のことを考えて、心配して、悩んでいてもしょうがないと思うのです。

重篤な病気を患っているときや、人生に大きな悩みがあるときに、「これからどうやって生きていこうか」「お金の問題はどうしようか」と考えはじめたら、不安に押し潰されてしまいます。そこで「私はなぜ生かされているのか」なんて考えはじめたら、今日が手につかなくなるでしょう?

先のことを考えて不安になるのなら、生きている意味を探すことはいったん保留にして、目の前のことを一所懸命にやればいいと思うのです。

今日、朝、目が覚めたということは、そこには必ず、今日やるべきことがあるということ。お役目があって、生かされているのです。

私は、朝起きるたびに「お役目があるから、今日も目が覚めたのね」と、朝の支度を始めます。そこに、「人生とは」とか「なんのために生きているのか」なんて、深く考え込む要素はありません。

朝起きたら、今日やるべきことをやる。

次の日目が覚めたらまた「ああ、生かされている」と、その日1日を懸命に生きる。

とりあえず今日を生きてみる。まずはそれだけでいいと思うのです。

人生というのは、過去を見るのでも、未来を見るのでもなく、目の前のことにどれだけ真剣に取り組めたかが大切です。

そして、たいていの場合、自分に与えられた役割というのは、あれやこれや、いろんなことに手をつけることではありません。目の前のことに真剣に向き合うこと。

仕事でもそうですし、家族にもそうです。1年先のことよりも、目の前にいるお客様に「ありがとう」と言って帰ってもらえるかどうか。今日を共に生きる家族に「ありがとう」を言えるかどうか。

正直なところ、私がやってきたすべてはこれに尽きるような気がします。でも、そこにこそ価値があると、この年になって確信しています。

自分ができること、与えられた役割を今日せいいっぱい果たすこと。それが人生というものなのかもしれませんね。

1日1日、今日が始まりで終わり。

明日が来たらまた、その日を生きる。

そう思って生きていると、自然と今日が最高の1日になっています。

朝目が覚めたことに、まず「ありがとう」と言ってみませんか？　今日が来るということは、あたりまえではないのですから。

朝目が覚めたということは、
「今日を生きなさい」ということです。
未来が不安でしかたないときほど、
とりあえず今日を生きてみる。

おわりに

何かを始めるのに、遅すぎるということはありません

孫の康二郎が「90代でも現役でお客様と接している薬剤師がいることを世界に伝えたい」と、ギネスブックへのチャレンジを勧めてくれて、２０１８年、95歳のときに、「世界最高齢の現役薬剤師」としてギネス世界記録に認定していただきました。

この本の執筆も、個人的には「私がお伝えできることがあるのだろうか」と考えはしましたが、康二郎は常に「96歳だから意味があるんですよ」「今だから皆、

榮子先生の言葉を聞きたいんですよ」と背中を押してくれました。

こういった体験から、改めて思ったことがあります。それは、人は、いくつになっても新しい経験や挑戦ができるのだということです。

ギネスブックは、この年齢になったからこそ挑戦できたことですし、書籍にしても、この年齢まで健康だから取り組めたこと。新しい体験というのは、心とからだを元気にしてくれる力があると思います。

ときおり、私よりもずっとずっと年下の方が「もうこの年だから、新しいことを始めるなんて」と言われることがあります。そんなとき、「何おっしゃるの？もし今それを始めて、私の年齢まで続けたとしたら、あなたはその道40年の大ベテランになれるのよ」とお伝えすると、ハッとされることもあります。

今は、医療の進歩に伴って健康な高齢者が増えました。

会社員が退職する60歳なんてまさに働き盛りです。

定年後のことを、第二の人生なんていうことがありますが、その第二の人生が

40年の会社員生活と同じくらいあるのですから、新しいことにチャレンジしないなんてもったいないと思います。

もちろん、やりたいことをやるための、気力、体力、筋力は大切ですから、日々からだを動かしながら、食事にも気をつけてくださいね。

そして、「いつかやってみたいなあ」と思っていたこと、「いつか行ってみたいなあ」と思っていた場所、その「いつか」を、全部やり尽くすくらいに、なんだってやってみることができたら幸せです。

戦後、子どものころにひもじい思いをしていた人が、「子どものころ、隣の家の庭にびわがなっていて、それを食べたくてしかたがなかった」と、定年退職後に庭を果樹園のように実のなる木でいっぱいにされたのですが、それもまた、「いつか」をかなえた素敵なかたちだと思います。

また、老後は人生のご褒美の時間です。音信不通になっている友人、けんかして疎遠になった人、会っておきたい家族や親戚には、なるべくからだが動くうちに会いにいってほしいものです。多少勇気が必要な再会も、老後だからこそできるチャレンジのひとつだと思います。

今の時代、戦争に駆り出されるわけではありませんから、死ぬこと以外はほんの小さな切り傷かすり傷です。

自由に歩けなくなった私にも、できることがたくさんあります。これからも毎日小さなチャレンジを重ねていきたいと思っています。

二〇二〇年九月吉日

比留間榮子

比留間榮子　ひるま えいこ

薬剤師。1923年東京生まれ。1944年東京女子薬学専門学校(現明治薬科大学)卒業。薬剤師である父の姿を見て自身も薬剤師になることを決意し、大正12年に父が創業したヒルマ薬局の2代目として働き始める。父とともに、戦後の混乱の渦中にある東京の街に薬を届ける。薬剤師歴は75年。95歳のときにギネス記録「最高齢の現役薬剤師 | The oldest practising pharmacist」に認定。現在も調剤業務をこなしながら服薬指導や健康の相談に乗る姿は、「薬師如来のよう」と評判を呼び、地域の人たちの心のよりどころとなっている。孫で薬剤師の康二郎氏とともに、薬局の理想の姿を目指し奔走する毎日。

時間はくすり

2020年10月10日　初版印刷
2020年10月20日　初版発行

著　者　　比留間榮子
発行人　　植木宣隆
発行所　　株式会社サンマーク出版
〒169-0075 東京都新宿区高田馬場2-16-11
電話　03-5272-3166
印　刷　　共同印刷株式会社
製　本　　株式会社村上製本所

ISBN978-4-7631-3851-4　C0030
ホームページ　https://www.sunmark.co.jp